Patrones de Diseño en la Arquitectura de Integración Moderna

Con ejemplos aplicados a la plataforma de Integración Oracle

Volumen I

Arturo Viveros, Sandra Flores

Introducción

Estimado lector, antes que nada, recibe un cordial saludo y nuestro sincero agradecimiento por ser partícipe de esta publicación. El objetivo de la misma es compartir conocimientos y experiencias valiosas con la comunidad hispanoparlante que se dedica al desarrollo de soluciones de integración.

Hemos decidido escribir este material y publicarlo, pues a pesar de lo mucho que se ha extendido dicha comunidad, no encontramos hasta ahora recursos formales de este tipo en nuestro idioma, a diferencia de lo que podríamos encontrar en inglés. También a diferencia de otros rubros como Bases de Datos, donde escritores de habla hispana han puesto a nuestro alcance material inédito y de gran relevancia.

Nuestro primer volumen, el cual tienes en tus manos, consta de dos capítulos. En el primero de ellos se busca establecer un contexto apropiado, planteando el uso de una arquitectura de referencia moderna, además de enumerar y describir brevemente cada uno de los principios de la Orientación a Servicios. El segundo capítulo se enfoca en su totalidad a profundizar en capacidades y patrones de diseño, los cuales han sido seleccionados para esta edición, aplicándolos en el contexto de un caso de estudio que también será descrito a detalle.

Subsecuentes volúmenes abordarán capacidades y patrones incrementando el grado de complejidad y abarcando temas como APIs, Microservicios, DevOps y mucho más. Al final, la idea es construir un compendio de experiencias y conocimientos que puedan ser fácilmente consultados y aplicados por profesionales en su día a día.

Una de las principales innovaciones que buscamos con este contenido es ir más allá del texto, poniendo a disposición de todos nuestros lectores un repositorio de GitHub (https://github.com/gugalnikov/dev4dev_latinoamerica) con todo el código perteneciente a los ejemplos que se van a revisar a lo largo del mismo.

Es importante señalar que para el desarrollo de este contenido se asume que el lector cuenta ya con conocimiento previo de Orientación a Servicios, así como con experiencia básica de trabajo en una o más herramientas pertenecientes a la plataforma de integración Oracle.

Sin más preámbulo, esperamos que el contenido sea de tu agrado, pero sobre todo que pueda serte de utilidad.

Revisores

MTIA Jessica Perez (https://www.linkedin.com/in/tjessicaperez/)

M.Sc Vitaly Moshkov (https://www.linkedin.com/in/vitaly-moshkov/)

Ing. Jorge Quilcate (https://www.linkedin.com/in/jeqo89/)

Acerca de los Autores

Arturo Viveros es un profesional destacado en las áreas de Arquitectura Cloud, SOA y JEE. Con más de 12 años de experiencia en la industria de TI, Arturo es conferencista regular en eventos organizados por Oracle Technology Network y Oracle Partner Network, así como Universidades públicas y privadas. Arturo es Instructor Oficial de SOA School y es el único instructor de habla hispana certificado por Cloud School (Arcitura Inc.) para impartir el curso de Arquitectura Cloud en Latinoamérica. Autor de diversas publicaciones en medios como Service Technology Magazine, SOA Magazine y Oracle Technology Network, miembro y contribuidor del proyecto OMESA (Open Modern Enterprise Software Architecture), así como coautor del libro "Oracle API Management 12c Implementation".

Sandra Flores es profesionista independiente con experiencia en Java, SOA y Arquitectura de Software. En su camino profesional, Sandra ha venido persiguiendo una de sus más grandes pasiones, generar productos de calidad, perfeccionados en detalles y enfocados a resolver problemas actuales de las empresas durante sus más de 12 años de experiencia en desarrollo de proyectos de TI. Sandra es Oracle ACE, y como tal, es conferencista regular en eventos de diversos tipos y en distintas locaciones del mundo, además de publicar constantemente artículos en Oracle Technology Network en español e inglés, entradas en su blog personal, webinars, entre otros, y es también, instructora de SOA School certificada por Arcitura.

TABLA DE CONTENIDO

Capítulo I

Una Visión Contemporánea de la Orientación a Servicios

Es importante comenzar el libro con este diálogo, sobre todo para establecer claramente el contexto que nos atañe. Sin embargo, cabe aclarar que de acuerdo al propósito que perseguimos aquí, no es de nuestro interés ahondar en antecedentes históricos, definiciones académicas o discusiones esotéricas sobre conceptos como SOA, Microservicios, etc.

Lo que buscamos es más bien describir lo que la Orientación a Servicios representa para las organizaciones y sus departamentos de TI en la actualidad, así como para la mayoría de nosotros en el contexto de los proyectos de integración e implementaciones en las cuales participamos cotidianamente, por lo tanto, establecemos que:

"La Orientación a Servicios se refiere a un modelo arquitectónico fundamentado en la adopción significativa de principios de diseño específicos, donde se combinan diversas capacidades, patrones de diseño y herramientas tecnológicas para lograr soluciones con características distintivas tales como:

- Interoperabilidad intrínseca

- Reutilización

- Autonomía

- Escalabilidad

- Federación

En la medida en que se logren dichas características, la organización va quedando en posición de obtener beneficios tangibles, así como retorno de inversión.

Principios de Diseño

Antes de ahondar en un modelo arquitectónico específico, revisemos brevemente los principios de diseño por los cuales se rige la orientación a servicios, ya que cada uno de los conceptos que expondremos de aquí en adelante, están basados en la aplicación de uno o más de estos 8 principios.

1. Contrato estandarizado
2. Bajo acoplamiento
3. Abstracción
4. Reusabilidad
5. Autonomía
6. No estado
7. Descubrimiento
8. Composición

A continuación, se describe cada uno de ellos, tratando de mostrar su objetivo principal y las variantes que pueda tener.

1. Principio: Contrato Estandarizado

"Los servicios expresan su propósito y funcionalidad a través de un contrato, mismo que cumple con una serie de estándares de diseño delimitados a un Inventario de Servicios."

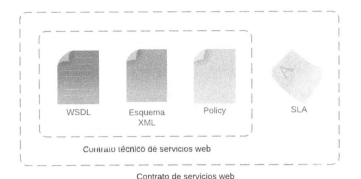

Figura 1 Contrato de servicios web de tipo SOAP

Un Inventario de Servicios es una representación gráfica de un grupo de servicios, legible para las personas. Su objetivo es mantener el control de la cantidad de servicios y propósito de cada uno de ellos, con el fin de no duplicar esfuerzos, ya sea reutilizando o complementando los servicios existentes.

Este principio plantea mantener dicho inventario alineado en tres aspectos relevantes:

- Estandarización del Modelo de Datos

- Estandarización de Políticas

- Estandarización de la Expresión Funcional

Estandarización del Modelo de Datos

Los servicios que durante su intercambio de mensajes usan las mismas estructuras de datos, o bien, muy similares en forma y tipo, deben compartir las definiciones del modelo de datos con el fin de evitar transformaciones que incrementen el performance y afecten su desempeño.

Este Modelo de Datos contribuye a establecer una arquitectura de representación de datos que puede ser reutilizada por los servicios a nivel empresarial.

Cuando hablamos de Servicios Web de tipo SOAP específicamente, la estandarización del Modelo de Datos se representa en los archivos de definición de servicios (WSDLs) que importan y comparten Esquemas XSD, mismos que son representados como archivos independientes, diseñados en apego a los lineamientos de diseño fundamentales de la organización, y que, en conjunto, forman la capa de Modelo de Datos Estandarizado.

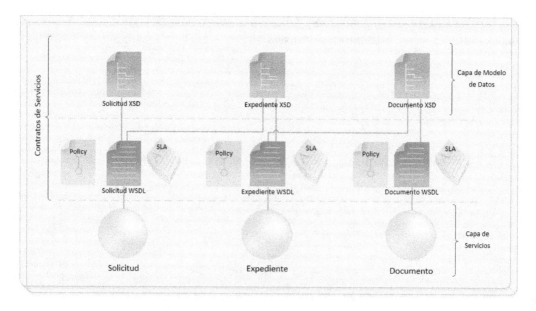

Figura 2 Estandarización del modelo de datos

En el caso particular de los Servicios de tipo REST y en las APIs, donde los contratos no son expresados en archivos WSDL, este principio se aplica de manera similar, utilizando estándares como JSON, WADL, RAML, etc. y de igual forma, haciendo uso del Modelo de Datos compartido entre servicios de un mismo inventario.

Es importante mencionar lo anterior porque hasta hace algún tiempo dicha característica de este tipo de servicios aún era considerada como una debilidad con respecto al protocolo SOAP, hoy en día, con el incremento de su popularidad y uso común, se ha desarrollado una gran cantidad de estándares que soportan y robustecen estos estilos de arquitectura.

Estandarización de Políticas

Uno de los elementos clave dentro de los conceptos en Servicios SOA es el uso de Políticas. Estas definen los términos de uso de los servicios y encapsulan restricciones que se deben cumplir antes de su ejecución.

Los requerimientos que se consideran en las Políticas deben ser expresados de manera consistente de acuerdo a una serie de estándares de la industria, y deben también, ser definidos en archivos separados e independientes a los archivos de definición de servicios, lo que promueve la descentralización, facilita su gobierno e incrementa su reutilización.

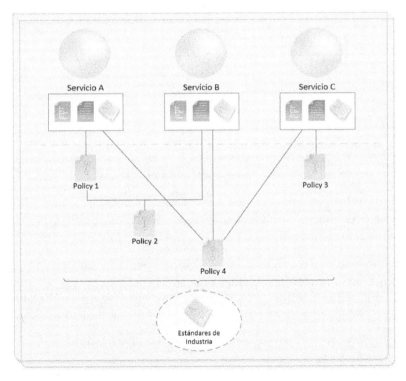

Figura 3 Estandarización de políticas

Estandarización de la Expresión Funcional

La estandarización de la Expresión Funcional se refiere a expresar los detalles del contexto funcional de cada servicio usando las mismas convenciones, por ejemplo; estándares de nombramiento de servicios y sus capacidades, diseño funcional de las entidades, clasificación de los servicios, etc. Esta práctica da pie a la correcta interpretación de los contratos de servicios, lo que aumenta sus posibilidades de reutilización.

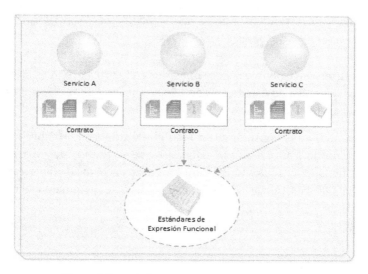

Figura 4 Estandarización de la expresión funcional

2. Principio: Bajo Acoplamiento

"El contrato de un Servicio promueve un bajo nivel de acoplamiento hacia sus consumidores, y a su vez, está desacoplado del entorno que lo rodea."

El propósito de este principio está enfocado hacia las consideraciones de diseño que debemos tener presentes para eliminar, en la medida de lo posible, las dependencias negativas que se generan entre los actores: Consumidor-Contrato-Servicio.

Entre mejor diseñado esté el contrato del servicio, es decir, mientras menos dependencias negativas tenga con su entorno, menor será su acoplamiento con los consumidores, tecnologías, aplicaciones, otros servicios, etc., lo que representa menor carga de mantenimiento, independencia en su evolución y menores implicaciones de gobierno.

Tomemos como referencia la siguiente lista de tipos de acoplamiento:

* Consumidor-Contrato (positivo)

* Consumidor-Lógica (negativo)

- Lógica-Contrato (positivo)

- Contrato-Lógica (negativo)

- Contrato-Implementación (negativo)

- Contrato-Tecnología (negativo)

- Contrato-Funcionalidad (negativo)

Acoplamiento Consumidor-Contrato

El cliente consumidor de un servicio está acoplado a éste únicamente a través de su contrato expuesto, es decir, es el único punto de contacto entre los clientes consumidores y la funcionalidad del servicio. Por lo tanto, este tipo de acoplamiento se considera positivo, y a partir de éste se derivan los siguientes tipos de acoplamiento.

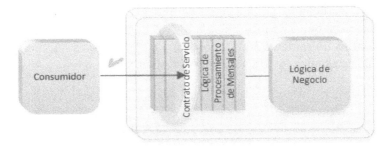

Figura 5 Acoplamiento Consumidor - Contrato

Acoplamiento Consumidor-Lógica

El cliente consumidor de un servicio está fuertemente acoplado a éste porque invoca directamente la lógica de negocio del mismo, es decir, evita pasar por el contrato de servicio y va directamente a la implementación, por ende, este tipo de acoplamiento se considera negativo.

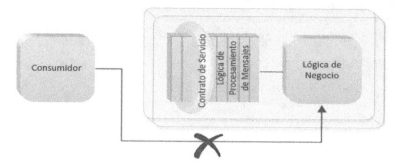

Figura 6 Acoplamiento Consumidor - Lógica de Negocio

Acoplamiento Lógica-Contrato

Por un lado, la lógica de negocio es plasmada en el contrato del servicio, en éste se expresan sus capacidades de negocio apegándose a los estándares establecidos, de tal manera que se incrementa su facilidad de interpretación y aumenta su nivel de abstracción, mientras que, por otro lado, la lógica de negocio que encapsula el Servicio forma dependencias únicamente con su contrato, sin trasladarlas hacia el cliente, es por eso que este tipo de acoplamiento se considera positivo.

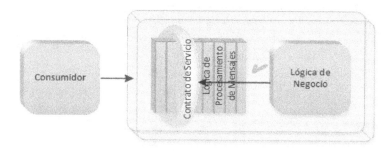

Figura 7 Acoplamiento Lógica de Negocio - Contrato

Acoplamiento Contrato-Lógica

En algunos entornos de trabajo, el contrato del servicio puede ser generado a partir de su implementación, de manera automática y por medio de herramientas de desarrollo, esto abre la posibilidad de que sus capacidades generadas automáticamente no empaten de manera correcta con las de negocio y que no se apeguen a los estándares de diseño, lo cual puede ser confuso y asumir características de acoplamiento relacionadas a la lógica de negocio, por lo tanto este tipo de acoplamiento se considera negativo.

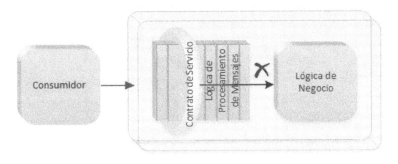

Figura 8 Acoplamiento Contrato - Lógica de Negocio

Acoplamiento Contrato-Implementación

La implementación de un servicio puede involucrar diversos recursos que forman parte de su entorno en general. Si el contrato expresa características relacionadas a este ambiente, o de la misma forma que en el caso anterior, su contrato es autogenerado, o bien, es parte nativa de su implementación (tal como es el caso de los APIs) sus capacidades probablemente no empatarán de manera correcta con las de negocio y se mostrarán detalles de su implementación que deberían estar completamente escondidos hacia el cliente. Con estos fundamentos se considera negativo a este tipo de acoplamiento.

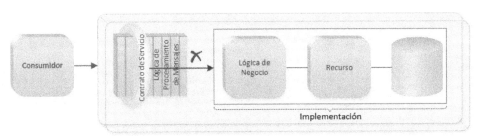

Figura 9 Acoplamiento Contrato - Implementación

Acoplamiento Contrato-Tecnología

Si el contrato de servicio no está alineado a los estándares de la industria respecto a la tecnología con la que se comunica con el resto del mundo, se crean dependencias entre las tecnologías, que son propiedad de los fabricantes, y los clientes consumidores.

De igual forma, si el contrato expresa detalles asociados a la tecnología, a la plataforma, al lenguaje de programación, etc., se genera un alto acoplamiento con éstas, mismo que será trasladado hacia los clientes consumidores.

Debido a estas razones, se le considera como acoplamiento negativo.

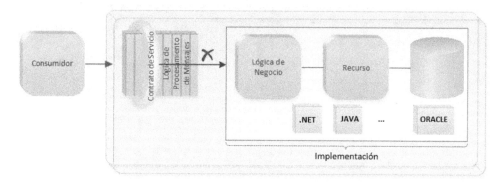

Figura 10 Acoplamiento Contrato - Tecnología

Acoplamiento Contrato-Funcionalidad

Si un servicio es dependiente de procesos de negocio externos, y su correspondiente contrato expresa detalles asociados al contexto funcional de dichos procesos, se genera un alto acoplamiento entre la lógica de negocio que éstos engloban y los clientes consumidores, mismos que podrían verse afectados si existen cambios en los procesos de negocio subyacentes. Este tipo de acoplamiento se considera negativo en la mayoría de los casos, a excepción de los Servicios de tarea, que encapsulan un proceso de negocio per sé.

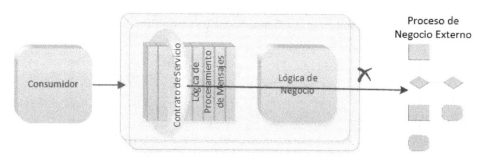

Figura 11 Acoplamiento Contrato - Funcionalidad

3. Principio: Abstracción

"El contrato de un servicio únicamente contiene información relevante a los consumidores a los cuales está dirigido, y es a su vez, el único medio para conocer dichos detalles."

Este principio enfatiza la necesidad de moderar la cantidad de información referente a un servicio, y que ésta sea expuesta a sus consumidores únicamente por medio de su contrato.

La intención de éste principio es prolongar la vida de los contratos y al mismo tiempo brindar libertad de evolución a la implementación de los servicios. Por otro lado, provee una forma de evitar acoplamiento negativo entre los consumidores y el servicio, además de aislar la funcionalidad que se muestra a cada uno de los consumidores.

Tenemos como referencia cuatro tipos de abstracción:

- Funcional

- Tecnológica

- Programática

- De Niveles de Servicio (SLAs/QoS)

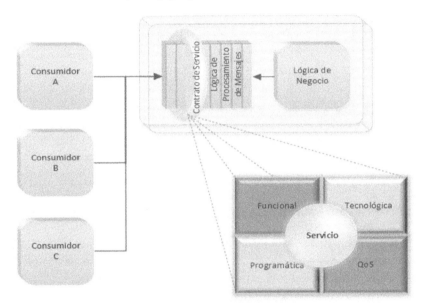

Figura 12 Principio de abstracción

Abstracción Funcional

La abstracción funcional está relacionada a la información que describe las capacidades del servicio, es decir, de las funciones que es capaz de realizar, y, sobre todo, cuáles de ellas están expuestas hacia los consumidores y cuáles permanecen ocultas.

En ocasiones algunas de las capacidades de un servicio deben permanecer ocultas para uno o varios clientes, mientras que deben estar visibles hacia otros, este nivel de abstracción funcional puede estar relacionado a temas de seguridad, roles o estructura organizacional.

Cualquiera que sea la razón para limitar la visibilidad de las capacidades de un servicio hacia sus diversos clientes consumidores, se debe tomar en cuenta preferentemente en la etapa de diseño, ya que los contratos son el reflejo de dichas capacidades, y realizar cambios a estos cuando los servicios ya están siendo consumidos, puede impactar de forma negativa a los clientes.

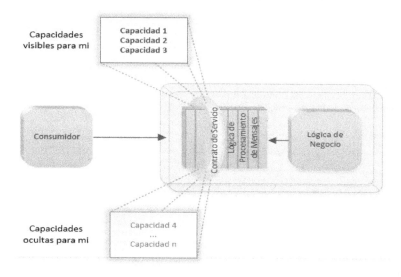

Figura 13 Abstracción funcional

Abstracción Tecnológica

La abstracción tecnológica está relacionada a la información que describe las características técnicas del servicio, es decir, la tecnología usada para su implementación, y qué parte de ésta información está expuesta hacia los consumidores.

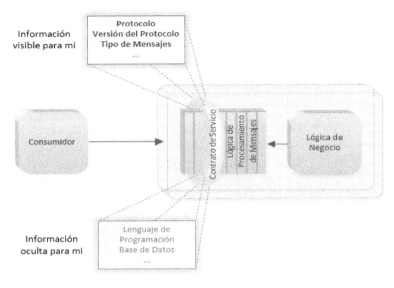

Figura 14 Abstracción tecnológica

Abstracción Programática

La abstracción programática está relacionada a la información que describe la forma en la que el servicio ejecuta sus capacidades, es decir, como realiza su implementación y los elementos de programación que usa para llevar a cabo sus funciones, y que parte de ésta información está expuesta hacia los consumidores.

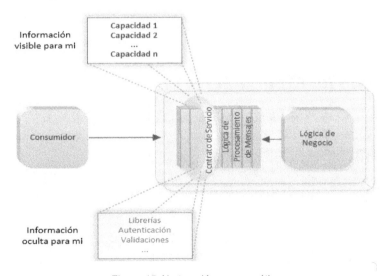

Figura 15 Abstracción programática

Abstracción de Niveles de Servicio

La abstracción de niveles de servicio está relacionada a la información que describe el comportamiento, las limitaciones y los requerimientos de interacción del servicio, es decir, las condiciones de calidad de servicio que ofrece y las limitantes y desempeño del mismo, sobre todo, que parte de ésta información está expuesta hacia los consumidores.

La información que un consumidor requiere conocer para interactuar con un servicio, en relación a este rubro, se debe limitar a los SLAs (disponibilidad, confiabilidad, performance, seguridad, etc.) específicos a éste, que le ofrecen una guía para el aseguramiento de la calidad que él mismo, a su vez, puede proveer. Por otro lado, la información que se debe mantener oculta hacia el cliente es relacionada al comportamiento de errores, planificación de desarrollo de funcionalidad, etc.

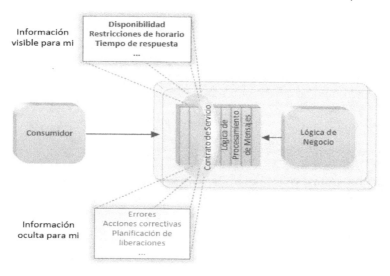

Figura 16 Abstracción niveles de servicio

4. Principio: Reusabilidad

"Los servicios que contienen lógica de negocio agnóstica, es decir, que desconocen el contexto funcional relacionado al proceso de negocio que los usa, deben ser clasificados y diseñados como recursos reutilizables."

El énfasis que éste principio pone en el diseño de los servicios es en relación al juicio que debemos mantener para determinar el tipo y la cantidad adecuada de lógica de negocio que éstos van a abarcar, con el fin de maximizar su potencial de reusabilidad.

El objetivo principal es identificar funcionalidad con potencial de reutilización y agruparla en servicios agnósticos, mismos que podrán ser usados por otros servicios, probablemente menos agnósticos.

La adecuada implementación de este principio, en conjunto con la centralización de lógica y contratos, resulta en un inventario de servicios altamente estandarizado y normalizado, que soporta la maximización de reúso de servicios y promueve el bajo acoplamiento con los clientes.

Cabe mencionar que la reusabilidad brinda beneficios tangibles que impactan directamente sobre la reducción de costos, debido a que evita la implementación de funcionalidad repetitiva y disminuye la carga de mantenimiento y gobierno de los servicios, este comportamiento soporta uno de los objetivos estratégicos de las implementaciones SOA.

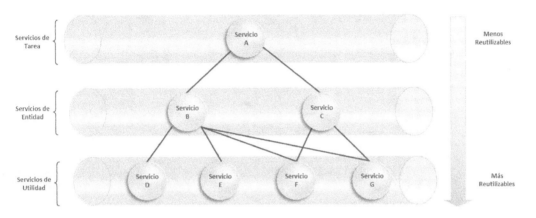

Figura 17 Principio de reusabilidad

5. *Principio: Autonomía*

"Los servicios mantienen un determinado nivel de control sobre los elementos de su entorno de ejecución, y, por otro lado, en tiempo de diseño, tenemos el control para determinar la cantidad de recursos exclusivos de los cuales harán uso."

Esto significa que entre menos recursos compartan los servicios, más autónomos serán, lo que impacta directamente en sus niveles de confiabilidad y cuan predecible será su comportamiento.

Es especialmente importante que los servicios agnósticos, o altamente reutilizados, tengan un mayor nivel de autonomía, en caso contrario el performance se puede ver afectado y comprometer sistemas completos.

Desde una perspectiva de automatización de despliegue y entrega de servicios, comúnmente conocida como Entrega Continua, la autonomía es una característica clave, que permite que estos mecanismos, aunados a las tendencias en tecnologías y plataformas actuales, como es el caso de los contenedores, mecanismos de aprovisionamiento automático, Circuit-Breaker, API Management, por mencionar algunos, se conjunten en un ambiente propicio para soportar modelos de servicios tales como Microservicios y APIs, mismos que demandan alta independencia en despliegue, escalamiento, recursos, actualización, centralización, evolución, etc.

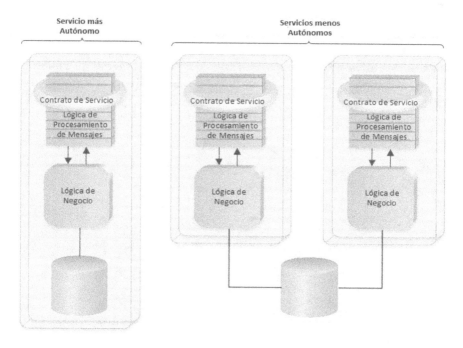

Figura 18 Principio de autonomía

6. Principio: No Estado

"En tiempo de ejecución, los servicios generan información referente al estado en el que se encuentran. Almacenar dicha información implica consumo de recursos, por lo tanto, se debe minimizar la cantidad de veces que se almacena y reducirlas únicamente a los momentos necesarios."

Este principio hace énfasis en evitar almacenar información de estado de manera excesiva, ya que esto puede comprometer el performance, la disponibilidad y escalabilidad de los servicios, por ende, deben ser diseñados para mantenerse sin estado siempre que sea apropiado.

Para servicios de larga duración y/o aquellos que tienen interacción con otros elementos, comúnmente se trata de servicios de composición, se plantea el uso de un mecanismo para almacenar dicha información de manera periódica, y así evitar la saturación de recursos de memoria, con el fin de proveer la habilidad de recuperación de instancias, ya sea por tareas que así lo requieren por su propia naturaleza, o bien, por recuperación de errores.

Este mecanismo consiste de un repositorio de estado, que bien puede ser una base datos, un archivo, o algún otro elemento externo, que almacenará de manera temporal la información de estado y de actividad de los servicios, para liberar sus recursos de memoria, mientras que el proceso, ya sea que esté inactivo en espera de un evento, o bien, que corra el riesgo de tener fallos por infraestructura o tiempos excesivos.

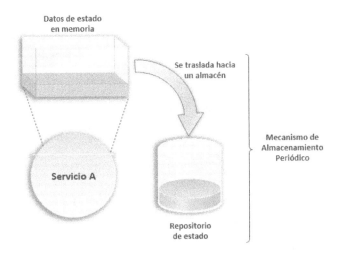

Figura 19 Principio no estado

7. Principio: Descubrimiento

"Los servicios deben ser capaces de proveer información sobre sí mismos que permita que sean descubiertos e interpretados de manera efectiva."

Conforme avanzan las implementaciones de Aplicaciones SOA, surge la necesidad de un mayor nivel de gobierno sobre los servicios, es muy fácil perder el control sobre la funcionalidad de cada uno de ellos, y en ocasiones caemos en el error de duplicarlos por desconocimiento de su existencia, es por eso que este principio se enfoca en que cada uno de ellos contenga información sobre sus capacidades y detalles de su funcionalidad de manera que puedan ser encontrados e interpretados fácilmente.

Sugiere un mecanismo de descubrimiento y almacenamiento de dicha información, misma que será interpretada por personas con el fin de determinar si es candidato a reutilización, o en dado caso, complementar su funcionalidad.

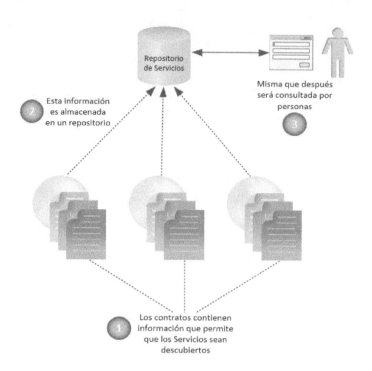

Figura 20 Principio de descubrimiento

8. Principio: Composición

"Los servicios son diseñados en cumplimiento al resto de los principios, de tal manera son miembros efectivos de composiciones, sin importar el tamaño, finalidad o complejidad del proceso de negocio."

La composición de servicios es un término usado para aquellos procesos de negocio complejos que son plasmados en Servicios de Orquestación o de Tarea. Estos servicios están compuestos de otros más simples (servicios agnósticos), mismos que resuelven partes de un problema mayor representado en un proceso de negocio.

Este principio hace énfasis en diseñar los servicios de manera que sean miembros efectivos de composiciones, sin importar el tamaño o complejidad del proceso de negocio que se esté resolviendo, y sin tener la necesidad explicita e inmediata de formar parte de una composición, es decir, se deben diseñar pensándolos a futuro como si cada servicio fuese a ser parte de una composición en algún momento.

Por ende, se hace hincapié en la reutilización, lo que facilita la agilidad de implementación en soporte a la alineación de TI con el negocio.

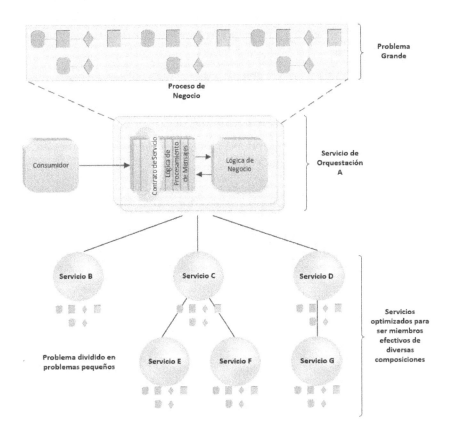

Figura 21 Principio de composición

23

Diseño e Implementación de Servicios en una Arquitectura de Software Moderna

Comencemos entonces por situarnos en una Arquitectura de Referencia actual, en este caso utilizando el modelo propuesto por OMESA[1].

Figura 22 Modelo de referencia OMESA

Donde claramente podemos ubicar la capa de "Implementación de Servicios". Pero vayamos un poco más a detalle para observar cómo están clasificados, según esta pauta, los distintos servicios que pueden ser parte de dicha capa se dividen en dos clasificaciones.

Figura 23 Detalle de la capa Implementación de Servicios

---

1 En las secciones Apéndice, Glosario y Bibliografía, podrás encontrar mayor detalle y referencia a la arquitectura OMESA.

Hablamos básicamente de implementación de servicios: semi-desacoplado y totalmente desacoplado. En el contexto de este capítulo nos enfocaremos principalmente en la primera categoría, pues es donde las capacidades de la plataforma Oracle Fusion Middleware encajan perfectamente.

Hagamos una introspección aún mayor en el modelo para poder aclarar más fácilmente el punto anterior.

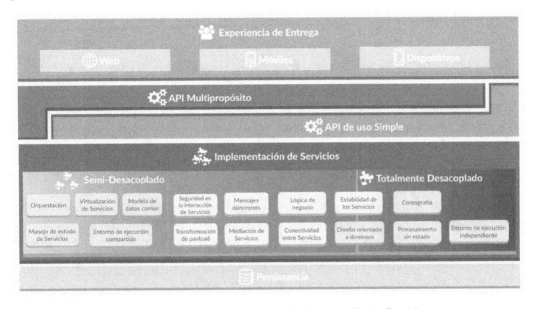

Figura 24 Capacidades de la capa de Implementación de Servicios

Aquí llegamos ya a definir *Capacidades* específicas, algunas muy propias de cada categoría y otras comunes a ambas. Estos elementos constituyen la columna vertebral de cualquier solución, guían su diseño y justifican la posible selección y uso de una plataforma tecnológica para implementarla.

Finalmente, para realizar estas capacidades, hacemos uso de patrones de diseño: soluciones probadas que pueden aplicarse consistentemente a los problemas que encontramos comúnmente.

Capacidades Core	Orquestación	Virtualización de Servicios	Manejo de estado de Servicios	Entorno de ejecución compartido	Modelo de datos común	Seguridad en la interacción de Servicios	Lógica de negocio	Mediación de Servicios	Conectividad entre Servicios	Transformación de Payload	Mensajes asíncronos	Estabilidad de los Servicios	Coreografía	Procesamiento sin estado	Entorno de ejecución independiente	Diseño orientado a dominios
	Capability Composition	Decoupled Contract	State Repository	Process Centralization	Canonical Schema	Direct Authentication	Agnostic Context	Context Negotiation	Channel Adapter	Data Model Transformation	Message Channel	Circuit Braker	Event Sourcing	Stateless Component	Containerization	Bounded Context
	Process Abstraction	Service Façade	Stateful Services	Rules Centralization	Schema Centralization	Exception Shielding	Utility Abstraction	Scatter / Aggregate	Multi-channel Endpoint	Data Format Transformation	Point-to-Point Channel	Bulkheads	CQRS	Response Caching	Microservices Deployment	Ubiquitous Language
Patrones de Diseño	Composed Message Processor	Legacy Wrapper	Server Grid	Resource Pool	Service Normalization	Brokered Authentication	Entity Abstraction	Message Router	Messaging Bridge	Content Enrichment	Pub-Sub Channel	Timeouts	Event Collaboration	Fachada al Service	Decentralized Data Management	Consumer Driven Contracts
	Correlation Identifier	Agnostic Capability	Partial State Deferral	Metadata Centralization	Domain Inventory	Secure Message Router	Service Encapsulation	Redirección	Protocol Bridging	Content Filter	Event-Driven Messaging	Backpressure	Parallel Model	IO Strategies	Immutable Server	Value Object
													Respositories Event			

Figura 25 Patrones de diseño aplicables a las capacidades

Cuando trabajamos sobre una plataforma específica, como es el caso de Oracle Fusion Middleware, las capacidades y patrones del modelo se mapean a la funcionalidad propietaria del mismo, tal como lo haremos a lo largo de este material a partir de nuestro caso de estudio. De esta manera, se pueden identificar fácilmente fortalezas y debilidades de la plataforma y darle un uso correcto.

Por otra parte, el Arquitecto de solución aún conserva una gran responsabilidad creativa, pero también cuenta con elementos base y un lenguaje común para expresar el diseño y los objetivos del mismo, sin recurrir a términos pegadizos, que a menudo desvirtúan el dialogo interno de las organizaciones desembocando en decisiones poco óptimas.

Capítulo II

Patrones de Diseño Aplicados a Oracle Fusion Middleware

Arquitectura de Referencia Básica para Oracle Fusion Middleware

Si bien se da por hecho que la audiencia del libro cuenta con experiencia suficiente en tecnología Oracle, con el objetivo de identificar fácilmente los componentes que se utilizarán a lo largo de este capítulo, no está de más dar un vistazo a nuestra arquitectura de referencia en el contexto de Oracle SOA Suite 12c.

Figura 26 Elementos de la arquitectura de referencia Oracle FMW 12c

En la imagen anterior se pueden apreciar los distintos elementos que componen la suite. Cada uno de ellos provee funcionalidad específica que puede ser de gran ayuda cuando se diseñan los servicios, es por eso que resulta altamente relevante conocer su funcionalidad y alcance. A continuación, describiremos brevemente algunos de los conceptos que resultan más relevantes para nuestro contenido:

- **BAM** (Business Activity Monitoring). Herramienta de monitoreo en tiempo real de la actividad de negocio. Genera alertas y reportes. Está basada en eventos que ocurren en los servicios y procesos de negocio, mismos que son interceptados y reflejados en tableros gráficos significativos para usuarios de negocio

- **Enterprise Manager**. Aplicación de monitoreo y administración que proporciona una solución de ciclo de vida completo. Abarca la administración de configuración y cumplimiento del entorno, parches, aprovisionamiento, rendimiento, así como auditoría. Incluye capacidades de gestión para los distintos elementos de la capa de middleware:

  o Oracle WebLogic Server

  o Oracle Coherence

  o Capa Web Oracle (por ejemplo; Oracle HTTP Server y Oracle Traffic Director)

  o Oracle SOA Suite

  o Oracle WebCenter Suite

  o Oracle Identity Management

  o Oracle Business Intelligence Enterprise Edition

  o Middleware no Oracle (por ejemplo; Apache Tomcat, JBoss Application Server e IBM WebSphere Application Server)

- **BPEL Process Manager**. Provee una infraestructura completa para crear, implementar y administrar procesos empresariales BPEL (lenguaje de ejecución de procesos de negocio con servicios web), es un lenguaje basado en XML utilizado para desarrollar procesos de negocio orientados a un entorno SOA estandarizado para la composición de servicios.

- **Enterprise Service Bus**. Componente esencial en la arquitectura SOA, el ESB representa el punto de interacción de los consumidores con los servicios, en él se exponen servicios proxy que abstraen la complejidad de interactuar con los puntos finales. Es en esta capa donde se ejecuta la mediación de servicios y enrutamiento, validación y transformación de mensajes. Adicionalmente tiene la capacidad de proveer distintos tipos de interfaces y transportes de un mismo servicio, de acuerdo a las necesidades de los consumidores.

- **Web Services Manager**. Elemento que provee un framework de centralización de políticas de administración y seguridad de los servicios web. Está basado en el estándar WS-Policy y puede ser usado en tiempo de desarrollo, o bien, desde la consola de administración. En OWSM intervienen los siguientes elementos principales:

o *Policy Manager.* Lee y escribe las políticas, ya sean predefinidas o personalizadas, de y hacia el repositorio.

o *Agent.* Ejecuta las políticas y recopila estadísticas de ejecución. Mantiene un caché de memoria para las políticas. Se compone de un *Policy Access Point (PAP)* y un *Policy Interceptor*, el primero se comunica con el *Policy Manager* usando invocaciones EJB, mientras que el segundo se genera cuando un Servicio Web se despliega y se activa, o cuando se relaciona una política a un Servicio Web, y su función es interceptar las peticiones hacia el Servicio Web y ejecutar las políticas asociadas a éste.

o *OWSM Repository.* Lugar donde se almacenan las políticas, típicamente es una base de datos.

o *Enterprise Manager.* Aplicación, donde además de la gestión de diversos elementos, aquí se lleva a cabo la configuración de OWSM, métricas, etc.

- **Adaptadores**. La Suite de SOA soporta una arquitectura de conectividad unificada que facilita la integración con varias aplicaciones y sistemas On-Premise y Cloud en una arquitectura orientada a servicios. Permite la creación de elementos reutilizables que publican y extraen información de diversas fuentes como Oracle E-Business Suite, SAP, Salesforce.com, servidores FTP, bases de datos, entre otros. Los adaptadores de integración están apegados a los estándares JCA 1.5 lo que garantiza la interoperabilidad mediante la integración de aplicaciones heterogéneas, provistas por diferentes fabricantes, basadas en diferentes tecnologías y ejecutadas en diferentes plataformas.

- **JDeveloper**. Herramienta de desarrollo Integrated Development Environment (IDE) en la que todos los componentes y elementos generados en la SOA suite son implementados, desde compuestos SOA, flujos de tareas humanas, aplicaciones ADF, servicios proxy, transformaciones XQuery y XSLT, entre muchas otras más. También cuenta con un servidor Weblogic integrado y una serie de capacidades que permiten tener un ambiente de desarrollo completo en una máquina local.

- **Weblogic**. Servidor de aplicaciones Java EE que representa la base sobre la cual se ejecutan los componentes de la suite, así como las aplicaciones generadas como parte de los desarrollos SOA. Generalmente en una instalación de SOA se configuran clusters de servidores que conviven administrados y gobernados por un dominio, de tal forma que cada componente de la suite por lo general se instala en su propio nodo manejado, y a su vez, cada nodo manejado forma parte del dominio SOA.

Importancia de los Patrones de Diseño en la Implementación de Oracle Fusion Middleware

Los patrones de diseño constituyen una de las principales bases para la solución a problemas comunes en el desarrollo de software. Este concepto sin duda nos resulta familiar como desarrolladores y/o arquitectos, independientemente de la tecnología que estemos utilizando para implementar un determinado modelo.

En este contexto, existen incontables referencias de las cuales podemos obtener enormes beneficios, inspiración y conocimiento; todo esto a partir de las experiencias tanto positivas como negativas de aquellos que han implementado antes que nosotros y que han tenido a bien documentarlas de forma estructurada a manera de "patrones".

Cuando desarrollamos soluciones apoyándonos en la plataforma Oracle Fusion Middleware, el tener a la mano este recurso se vuelve fundamental ante la enorme cantidad de opciones que la Suite va a poner ante nosotros, así como el rápido crecimiento que puede llegar a tener el inventario de servicios.

Por más poderosa que pueda ser la herramienta, el éxito de nuestras implementaciones va a depender en gran medida de una arquitectura bien lograda en la cual podamos sacarle provecho al producto de manera consistente.

Para reforzar y ejemplificar nuestro punto, demos un vistazo a los siguientes dos diagramas, los cuales representan un escenario bastante común haciendo énfasis en la diferencia entre la implementación correcta del patrón de diseño apropiado y el anti-patrón correspondiente.

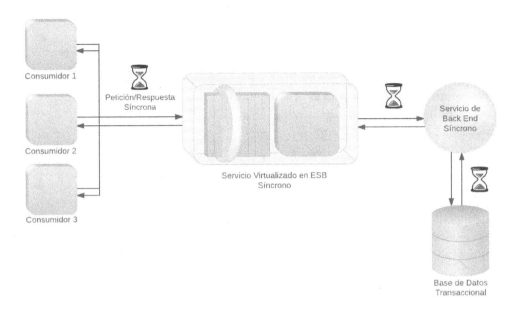

Figura 27 Aplicación del anti-patrón

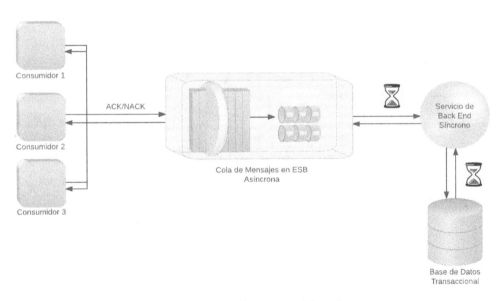

Figura 28 Aplicación correcta del patrón

El caso ilustrado por los diagramas es muy simple; sin embargo, podemos apreciar que la herramienta (ESB) per se no resuelve la problemática intrínseca de un diseño incorrecto, ni el acoplamiento negativo resultante.

No obstante, cuando tenemos claro el patrón a implementar, la herramienta sí que cuenta con la capacidad para soportar y ejecutar nuestro diseño.

Caso de Estudio

Con el propósito de ejemplificar claramente los patrones expuestos en el libro, utilizaremos un único caso de estudio, el cual iremos desarrollando y resolviendo mediante la aplicación de los mismos.

Para dichos fines, nuestro sujeto será la empresa ficticia "ABCTelco", un proveedor de telefonía celular en crecimiento que cuenta con licenciamiento ilimitado de Oracle SOA Suite 12c.

De este punto en adelante, nuestro objetivo será resolver adecuadamente diversos requerimientos mediante la implementación de patrones de diseño apoyados en dicha herramienta.

Prerrequisitos para el Desarrollador

Tal como se señaló anteriormente, el código completo y artefactos necesarios para la implementación que vamos a desarrollar a continuación se encuentra disponible en el siguiente repositorio público:

https://github.com/gugalnikov/dev4dev_latinoamerica

Allí encontrarás:

- Proyecto OSB de JDeveloper

- Proyecto SoapUI que contiene el Mock del servicio de Prepago.

- Proyecto SoapUI que contiene el caso de prueba para el proyecto completo.

Previo al desarrollo del caso de uso se recomienda que el lector tenga instalado:

- SoapUI

- Oracle SOA Suite 12.2.1.2 quickstart
  (http://www.oracle.com/technetwork/es/articles/soa/guia-de-instalacion-soa-quick-start-2776834-esa.html)

Por otra parte, cabe aclarar que este contenido no pretende ser un tutorial de OSB, sino más bien una guía para realizar correctamente los patrones de diseño seleccionados mediante la funcionalidad ofrecida por la herramienta.

De cualquier manera, recomendamos tener a la mano la guía de desarrollo de Oracle OSB: https://docs.oracle.com/middleware/1221/osb/develop/toc.htm

Descripción de los Requerimientos

ABCTelco cuenta desde hace un tiempo con un servicio web de "prepago", el cual se encarga de encapsular la funcionalidad del sistema legado donde se manejan todas las operaciones y saldos de sus clientes. En un principio, este servicio se diseñó para ser accedido únicamente por medio de una aplicación cliente servidor, utilizada por el personal que se encarga de proporcionar servicios al cliente.

Como parte de su estrategia de crecimiento en el mercado, ABCTelco requiere proporcionar a sus clientes funcionalidad de auto servicio a través de: página web, app móvil e IVR. Debido a lo anterior, el servicio web de prepago deberá ser capaz de interactuar con diversos canales. Por otra parte, la plataforma deberá operar las 24 horas / 365 días, así que es necesario tomar medidas para cumplir con dichos niveles de servicio.

La dirección de TI ha dictaminado que de momento no es viable modificar la implementación interna del servicio de prepago, así que las mejoras tendrán que llevarse a cabo sin tocar el código en lo absoluto. No obstante, ABCTelco está consciente de que a mediano plazo deberá modernizar su plataforma, por lo que, en paralelo a estos esfuerzos, hay un grupo de trabajo dedicado a evaluar nuevas opciones para el eventual reemplazo de los sistemas legados.

Como parte de un primer esfuerzo, ABCTelco ha decidido aplicar la Virtualización de Servicios utilizando Oracle Service Bus. Esto con la premisa de resolver los siguientes requerimientos:

- Actualmente el servicio web de prepago se encuentra desplegado en un servidor de aplicaciones y la interfaz de acceso a él es un contrato (WSDL) autogenerado, donde los tipos correspondientes al esquema de datos se encuentran embebidos en el mismo archivo WSDL.

- Registrar ese contrato directamente en OSB en su estado actual no tendría sentido, por lo que es necesario una reingeniería del mismo, tomando en cuenta que el servicio original no puede ser modificado.

- Los diversos consumidores del servicio han accedido a realizar ajustes para la adopción del nuevo contrato estandarizado. Sin embargo, ABCTelco debe garantizar que no habrá más impacto o modificaciones relacionadas con este en el futuro, incluso si el back-end del servicio original de Prepago llega a ser reemplazado.

Patrones de Diseño Aplicados

Los requerimientos anteriores se resuelven de manera sencilla mediante la aplicación de tres patrones de diseño. Dichos patrones corresponden a dos capacidades básicas del modelo OMESA para la capa de implementación de servicios:

- Virtualización de Servicios (Service Virtualization)
  - Contrato Desacoplado (Decoupled Contract)
  - Fachada (Service Facade)
- Transformación de la Carga Útil, o transformación de payload (Payload Transformation)
  - Transformación de Modelo de Datos (Data Model Transformation)

Es importante recalcar que las capacidades y patrones de diseño son absolutamente independientes de cualquier herramienta, por lo cual comenzar a diseñar una solución a partir de este enfoque ayuda siempre a mitigar la dependencia excesiva de los proveedores, lenguajes de programación, frameworks, etc.

Comencemos pues con la primera capacidad y los patrones que nos ayudarán a realizarla:

Virtualización de Servicios

"Virtualización" es un término bastante común hoy en día para todos aquellos que laboramos en el rubro de TI. En términos muy simples, se refiere a la creación de versiones virtuales a partir de algún recurso tecnológico, dando como resultado una o más interfaces externas que encapsulan la implementación subyacente.

Ya con esta breve definición podemos darnos cuenta de que al "virtualizar" estamos aplicando también hasta cierto punto el principio de Abstracción que se describió en el capítulo anterior. Por otra parte, en el contexto de una Arquitectura SOA, aquellos servicios que vamos a buscar virtualizar son comúnmente: servicios web, APIs, componentes, reglas, procesos de negocio, etc.

Ahora bien, ¿porqué buscaríamos virtualizar nuestros servicios? Algunas de las razones más comunes son:

- Aumentar su disponibilidad
- Habilitar diversos canales, protocolos y/o multi consumidores
- Proteger a los sistemas que conforman nuestro back-end
- Preservar contratos de servicio y proteger a los consumidores ante posibles cambios en la implementación, migraciones, actualizaciones, etc.

- Apuntalar un esfuerzo de estandarización de contratos de servicio

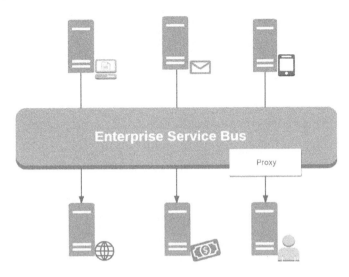

Figura 29 Enterprise Service Bus

Identificar estos motivos es de suma importancia, pues recordemos que cualquier patrón, por más sofisticado que sea, puede derivar fácilmente en antipatrón cuando su aplicación no está bien justificada. Por ejemplo, en el caso de este patrón, prácticamente cualquier herramienta de ESB nos permite virtualizar servicios fácilmente; sin embargo, hacerlo de manera indiscriminada y sin un objetivo claro, en lugar de traer beneficios, solamente aumentará la complejidad de nuestra solución sin favorecerla.

Un ejemplo bastante común de la Virtualización de Servicios como antipatrón de diseño, es la utilización de un Bus Empresarial de Servicios (ESB) solamente como "proxy" en integraciones punto a punto, sin que este componente aporte absolutamente nada adicional a la arquitectura, funcionalidad o diseño de la solución original.

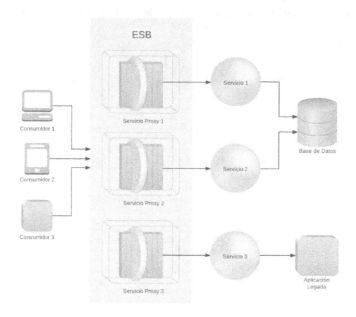

Figura 30 Antipatrón ESB como proxy de integraciones punto a punto

Ya que la virtualización de servicios es una capacidad compuesta, la implementación de este patrón se logra aplicando y combinando un conjunto de patrones simples. Revisemos entonces aquellos patrones de diseño que podemos implementar para alcanzar los objetivos planteados.

Contrato Desacoplado

Este es un patrón realmente muy básico, sin embargo, tiene poco sentido hablar de orientación a servicios cuando no está bien aplicado. Mantener contratos desacoplados de la implementación técnica, es el primer paso para posicionar verdaderos servicios con el potencial de ser reutilizados, ocupados en composiciones cada vez más complejas, y evolucionar a mediano y largo plazo sin "quebrar" la arquitectura de nuestras soluciones.

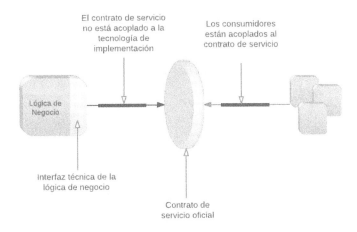

El contrato de servicio no está acoplado a la tecnología de implementación

Los consumidores están acoplados al contrato de servicio

Lógica de Negocio

Interfaz técnica de la lógica de negocio

Contrato de servicio oficial

Figura 31 Patrón de diseño: Contrato Desacoplado

Cuando decidimos virtualizar, por ejemplo, mediante un ESB, es importante asegurarnos que los contratos de servicio registrados (en especial aquellos que han sido autogenerados), no promuevan por si mismos tipos negativos de acoplamiento. De no ser cuidadosos en ese aspecto, resultaría fácil caer en un antipatrón de diseño el cual podría terminar afectando a un buen número de sistemas y/o consumidores de los servicios. En el ejemplo a continuación, vemos un contrato de servicio que ha sido autogenerado y por lo tanto presenta una serie de problemas que deberían ser resueltos antes de proceder con la virtualización.

En su estado actual, el contrato carece de estandarización, lo cual merma enormemente su potencial de reutilización, descubrimiento y composición, además de violar el principio de abstracción al exponer directamente las características del sistema o sistemas que se encuentran en el back-end.

```xml
<?xml version='1.0' encoding='UTF-8'?>
<!-- Auto Generated -->                                                        ── Contrato autogenerado
<definitions xmlns:wsu="http://docs.oasis-open.org/wss/2004/01/oasis-200401-wss-wssecurity-utility-1.0.xsd"
    xmlns:wsp="http://www.w3.org/ns/ws-policy" xmlns:wsp1_2="http://schemas.xmlsoap.org/ws/2004/09/policy"
    xmlns:wsam="http://www.w3.org/2007/05/addressing/metadata"
    xmlns:soap="http://schemas.xmlsoap.org/wsdl/soap/" xmlns:tns="http://example.org/"
    xmlns:xsd="http://www.w3.org/2001/XMLSchema" xmlns="http://schemas.xmlsoap.org/wsdl/"
    targetNamespace="http://example.org/" name="PrepagoBSService">       ── Espacio de nombres sin estandarización
 <types>
  <xsd:schema targetNamespace="http://example.org/" elementFormDefault="qualified">  ── Schema embebido en el WSDL
   <xsd:complexType name="rPrep24">
    <xsd:sequence>
     <xsd:element name="arg0" type="xsd:double"/>             ── Nombres de operaciones y
     <xsd:element name="arg1" type="xsd:long"/>                  campos acoplados al back-end
    </xsd:sequence>
   </xsd:complexType>
   <xsd:complexType name="rPrep24ret">
    <xsd:sequence>
     <xsd:element name="return" type="xsd:string" minOccurs="0"/>
    </xsd:sequence>
   </xsd:complexType>
   <xsd:element name="rPrep24" type="tns:rPrep24"/>
   <xsd:element name="rPrep24ret" type="tns:rPrep24ret"/>
  </xsd:schema>
 </types>
 <message name="rPrep24">
  <part name="parameters" element="tns:rPrep24"/>
 </message>
 <message name="rPrep24ret">
  <part name="parameters" element="tns:rPrep24ret"/>
 </message>
```

Figura 32 Contrato autogenerado

En el caso de ABCTelco, el equipo de desarrollo se ha dado a la tarea de generar un WSDL estandarizado y delegar la definición de los tipos de dato a un archivo XSD separado:

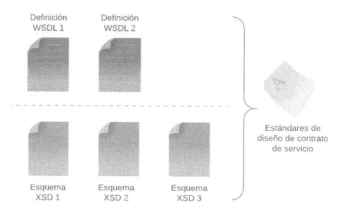

Figura 33 Estandarización de los contratos

El resultado hace mucho más sentido tanto para el implementador del servicio como para los posibles consumidores del mismo:

PrepagoWS.wsdl

```
<?xml version='1.0' encoding='UTF-8'?>
<definitions xmlns:wsu="http://docs.oasis-open.org/wss/2004/01/oasis-200401-wss-wssecurity-utility-1.0.xsd"
    xmlns:wsp="http://www.w3.org/ns/ws-policy" xmlns:wsp1_2="http://schemas.xmlsoap.org/ws/2004/09/policy"
    xmlns:wsam="http://www.w3.org/2007/05/addressing/metadata"
    xmlns:soap="http://schemas.xmlsoap.org/wsdl/soap/" xmlns:tns="http://ws.abctelco/"
    xmlns:xsd="http://www.w3.org/2001/XMLSchema" xmlns="http://schemas.xmlsoap.org/wsdl/"
    targetNamespace="http://ws.abctelco/" name="PrepagoWSService">
  <types>
    <xsd:schema>
      <xsd:import namespace="http://ws.abctelco/"
              schemaLocation="PrepagoWS.xsd"/>
    </xsd:schema>
  </types>
  <message name="realizarPrepago">
    <part name="parameters" element="tns:realizarPrepago"/>
  </message>
  <message name="realizarPrepagoResponse">
    <part name="parameters" element="tns:realizarPrepagoResponse"/>
  </message>
  <portType name="PrepagoWS">
    <operation name="realizarPrepago">
      <input wsam:Action="http://ws.abctelco/PrepagoWS/realizarPrepagoRequest" message="tns:realizarPrepago"/>
      <output wsam:Action="http://ws.abctelco/PrepagoWS/realizarPrepagoResponse"
              message="tns:realizarPrepagoResponse"/>
    </operation>
  </portType>
  <binding name="PrepagoWSPortBinding" type="tns:PrepagoWS">
    <soap:binding transport="http://schemas.xmlsoap.org/soap/http" style="document"/>
    <operation name="realizarPrepago">
      <soap:operation soapAction=""/>
      <input>
        <soap:body use="literal"/>
      </input>
      <output>
        <soap:body use="literal"/>
      </output>
    </operation>
```

PrepagoWS.xsd

```
<?xml version='1.0' encoding='UTF-8'?>
<xsd:schema xmlns:ns0="http://ws.abctelco/" xmlns:xsd="http://www.w3.org/2001/XMLSchema"
      targetNamespace="http://ws.abctelco/">
  <xsd:complexType name="realizarPrepago">
    <xsd:sequence>
      <xsd:element name="monto" type="xsd:double"/>
      <xsd:element name="idCliente" type="xsd:long"/>
    </xsd:sequence>
  </xsd:complexType>
  <xsd:complexType name="realizarPrepagoResponse">
    <xsd:sequence>
      <xsd:element name="folio" type="xsd:string" minOccurs="0"/>
    </xsd:sequence>
  </xsd:complexType>
  <xsd:element name="realizarPrepago" type="ns0:realizarPrepago"/>
  <xsd:element name="realizarPrepagoResponse" type="ns0:realizarPrepagoResponse"/>
</xsd:schema>
```

Figura 34 Contrato desacoplado

Una vez que hayamos descargado el proyecto de OSB del repositorio de Github, podemos importarlo en JDev y verificar dichos artefactos.

Ahora tenemos un contrato desacoplado y estamos listos para continuar virtualizando el servicio de prepago mediante la aplicación de algunos patrones más.

Fachada

El patrón de Fachada es uno de los más comunes para todo tipo de tecnologías y arquitecturas. En el contexto de SOA, la idea consiste en posicionar un componente entre el servicio y sus consumidores, con los objetivos primordiales de abstraer y desacoplar.

Mediante esta Fachada, contamos con la capacidad para aislar tanto al consumidor como al proveedor del servicio, previniendo los diversos tipos negativos de acoplamiento inherentes a la integración de aplicaciones[2].

Por otra parte, la Fachada puede absorber el impacto provocado por cualquier discrepancia, modificación en la lógica de negocio del servicio o incluso por un reemplazo total del mismo, protegiendo así a los consumidores. De igual manera, nos permite añadir al servicio virtualizado ciertas características y funcionalidad ajena al negocio; esto sin necesidad de modificar la implementación original del mismo.

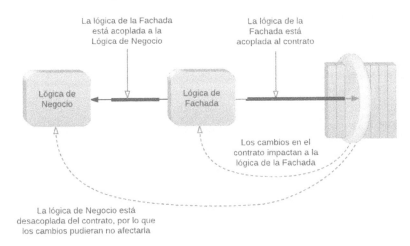

Figura 35 Patrón de diseño: Fachada

De hecho, la realización de este patrón es uno de los principales motivadores para llevar a cabo una "Virtualización de Servicios". Comencemos entonces por dar un vistazo al diseño de nuestro proyecto en OSB:

---

[2] Los ejemplos de tipos negativos de acoplamiento se pueden encontrar en el Capítulo I, principio: Bajo Acoplamiento

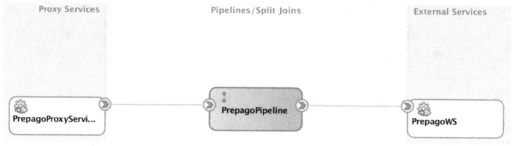

Figura 36 Componentes del servicio Prepago en OSB

Donde podemos observar claramente tres componentes fundamentales:

- En el carril derecho, la implementación original del servicio representada por un Servicio de Negocio.

- En el carril izquierdo, el Proxy expuesto a los consumidores, el cual está basado en el nuevo contrato estandarizado producto de la realización de nuestro primer patrón de diseño (Contrato Desacoplado).

- En el centro, tenemos un "Pipeline" que hará las funciones de "Intermediario" o "Fachada", donde podremos incluir funcionalidad adicional que nos permitirá por ejemplo solventar la diferencia entre los contratos original y estandarizado sin tener que modificar en absoluto el servicio web de Prepago.

¡Nota importante!

Un anti-patrón de diseño común al virtualizar mediante este tipo de herramienta, consiste en utilizar el ESB como una plataforma más de desarrollo. Es decir, que, en lugar de mantener una capa de integración ligera y eficiente, se opta por saturarla con lógica de negocio, rutinas complejas, llamadas bloqueantes, funciones propietarias y demás elementos que terminan negando los beneficios de la orientación a servicios y conformando un nuevo "monolito" o "silo" dentro de nuestro ecosistema tecnológico.

Una vez habiendo identificado el componente que hará las funciones de "Fachada", podemos proceder a describir la siguiente capacidad que requiere nuestro caso de uso, así como el patrón de diseño que vamos a ocupar para realizarla.

Transformación de la Carga Útil (Payload)

El principal objetivo de esta capacidad consiste en favorecer la interoperabilidad entre diversos consumidores y proveedores de servicio; esto mediante la aplicación de lógica de transformación intermedia a los datos que están siendo intercambiados.

Esta es una de las funciones básicas y más importantes de cualquier herramienta de Middleware. De igual manera, desde la perspectiva de nuestra Arquitectura de Referencia OMESA, dicha capacidad resulta común tanto a servicios semi-desacoplados como a los totalmente desacoplados y normalmente se realiza a través de uno o más de los siguientes patrones de diseño:

- Transformación del Modelo de Datos
- Transformación de Formato
- Transformación de Protocolos
- Filtro de Contenido
- Enriquecedor de Contenido

Transformación del Modelo de Datos

En muchas ocasiones vamos a encontrarnos en la necesidad de integrar servicios y/o aplicaciones basadas en modelos de datos incompatibles. Tal como sucede en nuestro requerimiento, usualmente necesitamos resolver estas discrepancias sin tener que realizar modificaciones sustanciales en los consumidores o en el back-end.

Para solucionar dicho problema, requerimos de tecnología intermedia de transformación de datos, la cual debe permitirnos establecer las relaciones ("mapeo") en tiempo de diseño y aplicarlas en tiempo de ejecución.

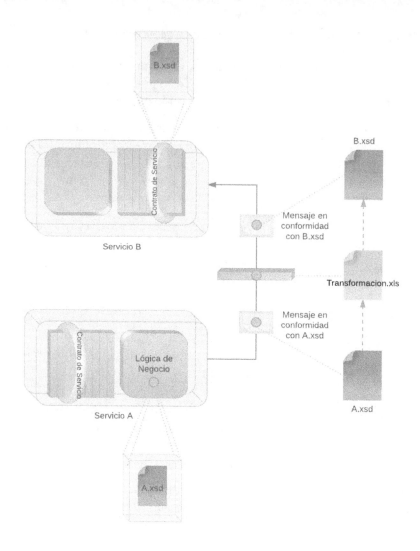

Figura 37 Patrón de diseño: Transformación del modelo de datos

Uno de los escenarios más representativos cuando hablamos de integración de aplicaciones es el intercambio de datos en formato XML. Tal es el caso de ABCTelco, donde para solventar las diferencias ya estudiadas entre el modelo de datos original y el nuevo esquema estandarizado, utilizaremos la tecnología conocida como XQuery; esto a través de las funciones integradas en la herramienta Oracle Service Bus (otra opción sería utilizar XSLT, también soportado por OSB).

Demos un vistazo entonces al Pipeline de Prepago en Jdeveloper (nuestra "Fachada)"

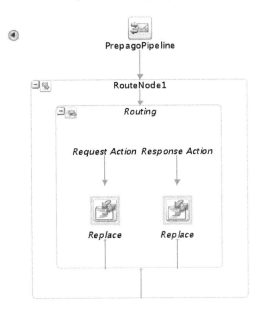

Figura 38 Pipeline del servicio Prepago en OSB

Donde, al tratarse de un servicio síncrono, necesitamos llevar a cabo la transformación tanto en la entrada como en la salida del mensaje.

Adentrándonos un poco más en la configuración, podemos observar que las acciones de nuestro Pipeline hacen referencia a un par de recursos XQuery utilizados para llevar a cabo la transformación (PrepagoXQ_In, PrepagoXQ_Out):

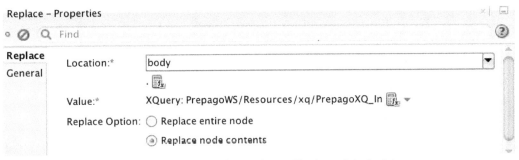

Figura 39 Referencia a la transformación de modelo de datos

Identifiquemos entonces dichos recursos y podremos ver los "mapeos" en tiempo de diseño que resuelven finalmente el requerimiento de ABCTelco:

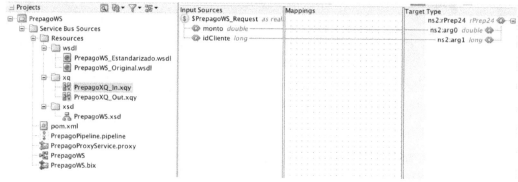

Figura 40 Transformación en vista de diseño

Una vez desplegado el proyecto, OSB ejecutará las transformaciones XQuery de entrada y salida cada vez que el "Proxy" de Prepago reciba una nueva petición y responda a sus consumidores.

¡Nota Importante!

Igual que lo señalamos en el caso del patrón de Fachada, el uso indiscriminado de transformaciones puede convertirse en anti-patrón, con implicaciones negativas tanto en el diseño como en la ejecución de nuestras integraciones. En el caso de ABCTelco, tenemos una justificación clara y beneficios de corto plazo evidentes al aplicar los patrones seleccionados; no obstante, debemos ser capaces de identificar también aquellos escenarios en los cuales sería factible y haría sentido estandarizar, tanto al consumidor como al proveedor del servicio, evitando así el uso de funcionalidad adicional en nuestra capa intermedia.

Conclusión

A lo largo de este capítulo, hemos resuelto asertivamente requerimientos de cierta complejidad, apoyándonos sin duda en las capacidades de las herramientas, pero dándole prioridad a un diseño práctico y elegante basado en capacidades y patrones de diseño compatibles con una arquitectura de referencia formal.

Al enfocar los problemas desde este punto de vista, aumentamos nuestras posibilidades de éxito y sacamos el mayor provecho al software y herramientas que tenemos a la mano.

Nuestra labor como desarrolladores involucra un gran número de retos, y uno de ellos consiste en que las condiciones que se nos presentan no siempre son las ideales ni coinciden con lo que identificamos como "mejores prácticas". Tal es el caso de los requerimientos de ABCTelco, donde se nos pide resolver un tema de integración a partir de un servicio original de Prepago mal hecho, pero que sin embargo no podemos modificar por el momento. Por otra parte, la enorme variedad de alternativas tecnológicas de las cuales podemos disponer en la actualidad puede resultar confusa y contraproducente, sobre todo cuando no tenemos margen como para experimentar a manera de "ensayo y error". Es justo aquí donde el conocimiento y la creatividad nos permiten encontrar el mejor camino, y este es precisamente el objetivo del material que hemos revisado hasta aquí.

Apéndice

Proyecto descargable en GitHub:

https://github.com/gugalnikov/dev4dev_latinoamerica

Simbología de los diagramas:

http://soapatterns.org/symbol_legend

Sitio para descargar la versión 12.2.1.2.0 de Oracle SOA Suite Quickstart usada para los ejemplos de este libro:

https://edelivery.oracle.com

Es importante mencionar que, para poder descargar software de Oracle, debes contar con una cuenta de acceso y haber iniciado sesión.

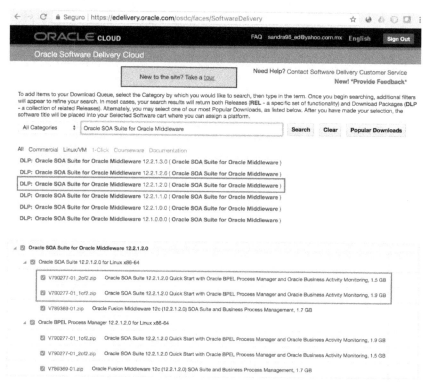

Glosario

SOA. Service Oriented Architecture. Modelo arquitectónico para sistemas distribuidos, cuyos fines son mejorar la agilidad organizacional, mantener una alineación entre negocio y TI, y al mismo tiempo, seguir los principios de la Orientación a Servicios. Se basa en Servicios como unidades fundamentales que engloban la lógica de negocio, de tal forma que los procesos de negocio son compuestos de dichas unidades.

Microservicios. Microservices. Estilo para diseñar y construir servicios específicos, flexibles, reemplazables y desplegables de manera independiente. Está principalmente dirigido a alejarse de las implementaciones monolíticas de aplicaciones hacia unidades de implementación automatizadas, eficientes y más pequeñas, en soluciones orientadas a servicios.

API. Application Programming Interface. Interfaz que un componente de software expone con el fin de proveer acceso seguro para que elementos externos puedan consumir el servicio ofrecido por dicho componente. Las APIs ofrecen acceso universal al software para ahorrar esfuerzos de desarrollo sin que el sistema esté en peligro con los datos que los desarrolladores obtienen desde otras apps.

DevOps. Conjunto de prácticas adoptadas por los equipos de trabajo de desarrollo (Dev) y operaciones de TI (Ops) cuyo fin es crear una cultura de colaboración entre ambos equipos, que tradicionalmente trabajan de manera aislada, usando técnicas y herramientas de automatización para eficientar el trabajo de compilación, pruebas, despliegue y gestión de los proyectos.

GitHub. Herramienta tecnológica que permite tener repositorios de código y documentación de proyectos de TI, compartidos de manera pública o privada, fomentando así la colaboración entre equipos y el control de versiones.

OMESA. Open Modern Enterprise Software Architecture Project. Es un proyecto creado por un grupo de especialistas a nivel mundial, que nace con el objetivo de devolver las mejores prácticas arquitectónicas a las arquitecturas modernas, teniendo en cuenta que lo "nuevo" coexiste con lo "viejo". Proporciona arquitecturas de referencia y principios rectores para ayudar a los arquitectos de cualquier organización a darse cuenta de los beneficios que las tecnologías y arquitecturas modernas pueden aportar al negocio, evitando la creación de "micro-silos" o soluciones ad-hoc.

SOAP. Simple Object Access Protocol. Especificación del protocolo para el intercambio de información estructurada en formato XML para la realización de Servicios Web.

WSDL. Web Services Description Language. Formato basado en XML para describir las características de los Servicios Web, de tal forma que uno de los elementos del contrato de un Servicio Web de tipo SOAP es el archivo WSDL, mismo que se genera usando este formato. En él se definen las capacidades del servicio, los mensajes para cada capacidad y los detalles técnicos necesarios para consumirlo.

Esquema XML (XSD). XML Schema. Archivo en formato XML que describe las estructuras y los tipos de datos que serán intercambiados, en forma de mensajes, en las operaciones de los Servicios Web.

Políticas. Policies. En el contexto de servicios, las políticas son las validaciones que deben ser aplicadas al previo consumo de los mismos, es decir, son aserciones que deben cumplirse para que las peticiones puedan ser direccionadas al servicio de negocio. Generalmente se expresan como archivos de políticas y forman parte del contrato del servicio. En tiempo de ejecución, una petición a un servicio con políticas asociadas es interceptada para aplicar las validaciones de las políticas, si el resultado es satisfactorio, la petición continúa a su destino, en caso contrario, ésta es rechazada por medio de un mensaje de error.

REST. Representational State Transfer. Estilo de definición y diseño de sistemas distribuidos que establece una serie de restricciones, no de manera exclusiva pero comúnmente asociadas al protocolo HTTP, para crear componentes de software que se comuniquen a través de éste. Generalmente conocidos como Servicios de tipo REST o Interfaces REST (API REST).

JSON. JavaScript Object Notation. Formato de texto ligero y simple (a diferencia de XML) usado generalmente para representar las estructuras de datos durante el intercambio de mensajes entre sistemas. Se basa en un tipo de notación llave-valor, con la cantidad mínima de información adicional a los datos del mensaje.

WADL. Web Application Description Language. Formato usado para describir las capacidades de una aplicación web basada en HTTP. En el contexto de Servicios, un archivo WADL es creado con este formato para especificar las capacidades de un Servicio de tipo REST, y es considerado como parte del contrato del mismo. Figurativamente, es equivalente al archivo WSDL de un Servicio SOAP, sin embargo, no se debe confundir entre términos, ya que, estrictamente hablando, el contrato de un Servicio de tipo REST es estático y representa las operaciones del protocolo HTTP.

RAML. RESTFul API Modeling Language. Lenguage para la definición y modelado de APIs de tipo REST. Se basa en etiquetas simples y legibles para humanos, con las cuales se generan los diseños de las APIs, creación de mocks de prueba y construcción.

SLA. Service Level Agreement. Niveles de servicio establecidos para asegurar la calidad y el comportamiento esperados de un servicio. Generalmente se expresa en un documento legible para humanos y que forma parte del contrato del servicio. En él se especifican datos como disponibilidad, capacidad, tiempo de respuesta, performance, etc.

Contrato estandarizado. Standardized Service Contract.

Desacoplamiento. Service Loose Coupling

Abstracción. Service Abstraction

Reusabilidad. Service Reusability

Autonomía. Service Autonomy

No estado. Service Statelessness

Descubrimiento. Service Discoverability

Composición. Service Composability

Bibliografía

SOA Principles of Service Design by Thomas Erl

Prentice Hall/PearsonPTR

http://servicetechbooks.com/psd

Patrones de diseño SOA

http://soapatterns.org

SOA Design Patterns by Thomas Erl

Prentice Hall/PearsonPTR

http://servicetechbooks.com/patterns

Patrones de diseño Enterprise Integration Patterns

http://www.enterpriseintegrationpatterns.com

Modelo de referencia OMESA (Open Modern Enterprise Software Architecture Project)

http://omesa.io

www.ingramcontent.com/pod-product-compliance
Lightning Source LLC
LaVergne TN
LVHW052316060326
832902LV00021B/3922